novum pro

AF146849

Martina Jochum

Stimmungen
DES LEBENS

novum pro

www.novumverlag.com

Bibliografische Information der Deutschen Nationalbibliothek:	
	© 2020 novum Verlag
Die Deutsche Nationalbibliothek verzeichnet diese Publikation in der Deutschen Nationalbibliografie. Detaillierte bibliografische Daten sind im Internet über http://www.d-nb.de abrufbar.	ISBN 978-3-99064-981-7 Lektorat: Susanne Schilp Umschlagfoto: Tatiana Bralnina | Dreamstime.com Umschlaggestaltung, Layout & Satz: novum Verlag
Alle Rechte der Verbreitung, auch durch Film, Funk und Fernsehen, fotomechanische Wiedergabe, Tonträger, elektronische Datenträger und auszugsweisen Nachdruck, sind vorbehalten.	Gedruckt in der Europäischen Union auf umweltfreundlichem, chlor- und säurefrei gebleichtem Papier. **www.novumverlag.com**

Inhaltsverzeichnis

Kapitel 1
Komfortzone 9

Kapitel 2
Denken 11

Kapitel 3
Bodenkontakt 13

Kapitel 4
Basis 15

Kapitel 5
Fliegen 17

Kapitel 6
Orientierungslos 18

Kapitel 7
Zweck der Existenz 19

Kapitel 8
Intuition 21

Kapitel 9
Eigenfarben 23

Kapitel 10
24/7 24

Kapitel 11
Weite Welt 26

Kapitel 12
Reißleine 28

Kapitel 13
Veränderung 29

Kapitel 14
Integrität 30

Kapitel 15
Schmerz der Erinnerung 32

Kapitel 16
Zerrissen 33

Kapitel 17
Entschleunigung 34

Kapitel 18
Der Feind 35

Kapitel 19
Die Rose 36

Kapitel 20
Tauwetter 39

Kapitel 21
Unsterblich 40

Kapitel 22
Erinnerung 41

Kapitel 23
Entschleunigung 2.0 42

Kapitel 24
Absturz 43

Kapitel 25
Meine Berge 44

Kapitel 26
Sprachlos 45

Kapitel 27
Feiner Riss 46

Kapitel 28
Unsterblich 47

Kapitel 29
Das große Ganze 48

Kapitel 30
Ende ? 49

Kapitel 31
Eiseskälte 50

Kapitel 32
Gelassenheit 51

Kapitel 33
Awareness 52

Kapitel 34
Brand aus 54

Kapitel 35
Mut 56

Kapitel 36
Spuren am Weg 57

Kapitel 37
Unbezahlbar 58

Kapitel 38
Mut 2.0 60

Kapitel 39
White out 61

Kapitel 40
Glück 63

Kapitel 1

Komfortzone

Die Erweiterung der Komfortzone geschieht über eine Lernzone. Ohne Wissen gibt es keine Ausweitung der Zone, dem Bereich, wo ich mich sicher bewegen kann.

In der Theorie muss ich mein Wissen erweitern, festigen, so dass es jederzeit, auch in Extremsituationen, abrufbar ist.
So dass ich mich darauf verlassen kann.
Ein Polster sozusagen.

Ein Wissenspolster, auf dem ich mich ausruhen kann.
Den mir niemand so leicht unter dem Kopf wegziehen kann.
Denn wenn das geschieht, bin ich wieder draußen, in der unendlichen Weite der Stresszone.

Aber nur dort kann ich mein Wissen durch etwas Wertvolles ergänzen, komplettieren, Erfahrungen machen, sammeln, verinnerlichen, mit dem Wissen verbinden.
Das nächste Mal ist es dann bereits eine Lernzone, die ehemalige Stresszone ist nicht mehr das, was sie definiert: Passagier sein.

Nun bin ich am Steuer.
Zunächst nur mit einem Finger, einer Ahnung gleich, dann übernimmt die Hand, der Horizont wird sichtbar, aber nie greifbar.

Das wird er nie sein.
Kann er nicht.

Der Horizont gleicht einer unruhigen Fragestellung.

Die Lernzone ist unendlich.

Nur mit Wissen, Erfahrung und dem Wichtigstem überhaupt, dem eigenen Bauchgefühl, wird der Horizont mal sichtbar, mal nur erahnbar im Nebel.
Es ist also die Trias aus Wissen, Erfahrung und Bauchgefühl, die das Leuchtfeuer entzündet und am Leben erhält, das mich mein Schiff, mein Leben, durch ruhige Gewässer steuern lässt.

Und doch ist es unabdingbar, mich nicht blind darauf zu verlassen, auszuruhen, ja, das aufregende Leben vergessen zu lassen, welches sich mir außerhalb meiner Komfortzone auftut, sich anbietet, ja, verlockend präsentiert, ohne jedoch mit der Furcht und Angst als ständige Begleiter hinter dem Berg zu halten.

Keine ungesalzene Suppe ist schmackhaft.
Das Salz in der Suppe des Lebens ist das stete Streben nach neuen Horizonten, nach Erweiterung über das Altbekannte hinaus.

Denken

Ich denke – also bin ich.
Ich fühle – also bin ich.
Ich handle – also bin ich.

Doch – wo bin ich?

Mitten im Leben, in meinem Leben.
Ein Leben, das mich fordert, fördert, belohnt, mich bisweilen in Abgründe stürzt, mich in Abgründe blicken lässt.
Manchmal unendlich tief.

Ein Leben, das mich ungeahnte Höhenflüge erleben lässt, meine Perspektive auf eine Art erweitert, die mich sprachlos macht.

Sprachlos ob der Schönheit, der Weite, der Fülle, der Tiefe, der schieren Grenzenlosigkeit des Seins.

Der Möglichkeiten.
Die durch ihre bloße Option Trost spenden, einen Weg aufzeigen.

Ich bin der Protagonist, ich kann durch bloßes Denken, Fühlen, Handeln Regie führen.
Ich kann wählen – aus einer unendlich anmutenden Zahl an Möglichkeiten.

Kann mich für einen Weitblick entscheiden, einfach mal die Perspektive wechseln.
Ein Weitblick, nur eingeschränkt durch das Schönste, Übermächtigste überhaupt:
Berge.

Oben angekommen bin ich ganz bei mir, ganz nah.
In meinem Mittelpunkt.

Nicht bloß darum herumtreibend, sondern mittendrin – im Leben, in den Bergen.
Das sind meine wahren Großmeister.

Die Gedanken werden frei, können fliegen, das Herz, die Seele, alles wird frei, kann ungehindert durchatmen, sich eine Verschnaufpause gönnen von der Welt unter mir, weit, scheinbar unendlich weit entfernt.

Absolute Stille.
Hier oben.
Berauschtheit, einer Droge gleich.

Ich könnte sie nicht finden,
die Weite,
die Freiheit,
die schweigsame Melancholie einer Landschaft, wenn ich sie nicht bereits in mir tragen würde.

Kapitel 3
Bodenkontakt

Er ist wieder da.
Mein Halt.
Mein Sinn.

Der Nebel lichtet sich, nahe Gipfel, fast greifbar.
Der Horizont hat sich gewandelt.
Hat wieder mehr Form und Kontur gewonnen.

Ist wieder aufgetaucht, sichtbar geworden.
Kein mäandernder Fluss im Untergrund mehr, unsichtbar, unerreichbar.

Grenzen verschieben sich.
Die Basis, das Wesentliche, mein Sinn, mein Sein.
Es nimmt langsam wieder Gestalt an.

Es bleibt die Frage nach dem Warum.
Mehrere Antworten, jede für sich eigentlich schon genug, füllen langsam, vorsichtig, Schritt für Schritt den Raum.

Geben Sinn.
Bestätigen.
Erfüllen.

Und doch ist es unbegreiflich, grotesk, ja, wiederum sinnlos anmutend, dass diese Abgründe nötig waren.

Nötig, um meinen ureigensten, längst verinnerlichten Weg wieder freizulegen, zu beleuchten, zu bestätigen.

Die Verzweiflung ob dieser Notwendigkeit gibt zögerlich den Raum für tiefe Dankbarkeit frei.

Diese wiederum bringt unglaubliche Erfüllung und Tiefe als Gefährten mit.

Kapitel 4
Basis

Zweifel in beständigem Wechsel mit Selbstvertrauen.

Verzweiflung und mitschwingende Angst ob des eigenen Unvermögens gibt sich mit dem Selbstvertrauen und dem dafür nötigen Respekt für die jeweilige Situation die Klinke in die Hand.

Ein Wechselbad der Gefühle.
Manchmal kaum auszuhalten, manchmal so unglaublich kraftgebend.

Das Geheimnis liegt in einer stabilen Basis.
Einem Fundament gleich ist sie der entscheidende Überlebensfaktor.

Doch wie wird eine Basis, meine Basis, stabil und bleibt es auch, trotz aller Stürme?
Die Stabilität des Fundaments kann nur innerhalb der Komfortzone gebaut und erweitert werden.
Alles außerhalb davon gleicht zunächst einem instabilen Konstrukt, jederzeit einsturzgefährdet.

Erfahrung und Wissen sind die Stabilität verleihenden Bausteine.
Nicht zu vergessen das Hochgefühl einer positiven Erfahrung!

Je breiter und stabiler die Basis, das Fundament, ist, umso weniger können Verschleißerscheinungen, die in Phasen der Verzweiflung und Angst destruktiv wirken, ernsthaften Schaden anrichten.

Und es gilt das Credo der frühen Sanierung, denn aus feinsten Haarrissen und Sprüngen können tiefe Risse entstehen, wenn nicht rechtzeitig gegengesteuert und gekittet wird.

Manche dieser Risse können existentiell sein.

Kapitel 5
Fliegen

Es ist erreicht.

Das Ende der Fahnenstange.
Rien ne va plus.

Die Seele will ihre Flügel ausbreiten, sie macht sich bereit zum Fliegen.
Zögerlich, noch sind die Flügel verklebt, die Federn ineinander verhakt.

Mit jedem neuem Versuch lösen sich die Verstrickungen.
Manche sanft.
Andere schwerer.
Verbindungen werden gekappt.
Unerledigtes zu Ende gedacht.

Manche Verbindungen brechen.
Einige werden stärker.

Am Ende entsprechen die Flügel ihrer ureigensten Form und Funktion.
Die Seele fliegt mit einem Seufzer der Erleichterung davon, streift durchs Universum, auf der Suche nach einem neuen Heim, einem neuen Körper, um erneut anzukommen auf dieser Welt.

Der Kreis schließt sich.

Kapitel 6

Orientierungslos

Kaum mehr aus-haltbar.
Kaum mehr er-tragbar.

Zermürbend.
Kräftezehrend.
Kräfteraubend.

Es gibt nicht viel, wovon zu zehren ist.
Die so dringend nötige Erholung wird zugunsten der ständigen Forderung nach Nähe und Präsenz zurückgestellt, aufgeschoben, verschoben.

Grenzen und Prioritäten verschieben sich.
Verschieben mich.

Wo bin ich?

Kapitel 7

Zweck der Existenz

Warum bin ich hier?

Um Zwischentöne zu hören.
Genau hinhören.
Mein Gegenüber tief erkunden.

Die Tiefe steckt in jedem – wenn man sie nur zulässt.
Hört.
Erträgt.
Die Fragen, die Antworten.

Stelle keine Frage, ohne die Antwort aushalten zu können.
Denn vielleicht gefällt sie dir nicht.

Vielleicht passt sie so gar nicht in dein Konzept des Schnellvorbeieilens.
Vielleicht wühlt sie dich auf.
Verunsichert dich.
Haut dich um.

Löst Erinnerungen und Gefühle aus.
Längst vergessene, verdrängte.
Vielleicht unangenehme.

Aber vielleicht ist die Antwort die Einleitung zur Tiefe.
Zu Existentiellem.
Vielleicht ist es die der Situation so sinngebende Antwort.

Zweck der Existenz aus einer anderen Perspektive.

Die ohne Frage keine Antwort erfahren hätte.
Keine Tiefe.

Das Risiko ist es allemal wert.

Kapitel 8

Intuition

Meiner Intuition vertrauen.
Bauchgefühl.
Das Wichtigste überhaupt.

Es bedarf allerdings einer gewissen Stille, einem Innehalten, damit es hörbar wird.
Zur Oberfläche durchdringt.
Einmal oben,
sichtbar,
hörbar,
fühlbar,
liegt es an jedem Selbst,
es zu sehen.
Zu hören,
zu fühlen.

Festzuhalten.
Anzunehmen.
Darauf zu vertrauen.

Und der Intuition zu folgen.

Denn manchmal entstehen daraus die besten Geschichten.
Und manchmal entsteht daraus scheinbar nichts.

(Noch) wertfrei.
Scheinbar sinnlos.

Dann kommt das Vertrauen ins Spiel.
Das Vertrauen darauf, dass alles, was (mir) passiert, einen Sinn hat.

Nicht vergebens ist.

Dass es für das große Ganze erforderlich ist.

Jetzt hier zu sein.
In dieser Situation.
An diesem Ort.
Mit diesen Menschen – oder auch alleine.

Vertrauen schenkt Tiefe und Erfüllung.
Nähe.

Zweck meiner Existenz.
Hier ist er.

Kapitel 9

Eigenfarben

Ich bin verwundbar.

Das heißt, ich kann fühlen.
Mich einlassen.
Kann meine Gefühle spüren, ihnen Ausdruck verleihen.

Kann die Gefühle, die Zwischentöne, die feinen Schwingungen anderer wahrnehmen, annehmen, aufgreifen.

Und daraus entstehen tiefgehende Gespräche.
Gespräche, in denen ich mit meinen Gefühlen weit offen bin, aber sicher ankomme bei meinem Gegenüber.
Denn wir haben gegenseitig unsere Zwischentöne gehört, gespürt, aufgenommen und angenommen.

Als Geschenk.
Im tiefen Vertrauen.

Der Lohn?
Intensiver Gedankenaustausch.

Das ist es, was zählt.
Das ist der Wert der Situation.
Der Augenblick, der so viel zählt, weil er so viel Sinn macht.

Weil ich sein kann.
In meinen Eigenfarben.

Kapitel 10

24/7

Unendlich genervt.
Von dir.

Du zerrst an mir.
Ständig.
24/7.

Ich kann nicht mehr.
Der Impuls zu gehen wird immer stärker.
Übermannt mich.

So wie das schlechte Gewissen.
Ich kann dir das doch nicht antun.
Gehen.
Dich alleine lassen.

Aber mit dir bin ich nicht bei mir.
Und wenn ich nicht bei mir bin, wie kann ich dann bei dir sein?

Ich kann bei niemandem sein, wenn ich nicht bei mir bin.
Ich muss mich wiederfinden.
Wie konnte ich mir bloß verloren gehen?
Wo bin ich?

Haltlos treibend durch Zeit und Raum.
Nichts mehr können.
Keine Ahnung von nichts mehr haben.
Habe ich je eine Ahnung gehabt?

Ja.

Sagt mein Verstand.
Nein.
Sagt mein Herz.

Ich kann nicht mehr.
Völlig zerrissen.
Aufgebraucht.
Kraftlos.
Orientierungslos.

Wo ist oben?
Ich weiß gar nichts mehr.

Kapitel 11

Weite Welt

Da war sie wieder weiter offen, die Tür.
Ein Schritt nach draußen, in Gedanken vollzogen.
Ein Bein draußen, in der weiten Welt.
Das andere Bein drinnen, in der engen Welt.

Weit?
Eng?

Sind das nicht bloß Illusionen? Vorstellungen?
Wie es sein könnte, wenn …
Wenn …
Wenn was?

Ganz nach draußen oder wieder ganz nach drinnen?
Was ist richtig, was ist falsch?

Was wenn die scheinbare Enge drinnen die eigentliche Weite ist?
Und die scheinbare Weite draußen die eigentliche Enge?

Sind es nicht eigentlich meine Gedanken, Vorstellungen und Bewertungen, die eng und weit definieren?

Und erst die eigene, persönliche Definition der Dinge gibt ihnen Wert, einen Wert.
Meinen Wert.
Was ist es wert?

Die Enge ist nicht immer eng, genauso wenig wie die Weite immer weit ist.

Ich werde sie nicht halten können, die Weite, wenn ich sie nicht bereits in mir tragen würde.
(Und ich weiß, dass ich die Weite in mir trage).
Irgendwo.
In der Tiefe.

Sie hat sich nur irgendwo in der Enge versteckt.
Die Enge hat der Weite die Luft genommen.
Abgeschnürt.
Eingekesselt.

Die Weite muss wieder so weit werden, dass sie die Fesseln der Enge ablegen kann. Sprengen kann.
Dann können beide wieder nebeneinander existieren.
Drinnen wie draußen.

Kapitel 12

Reißleine

Gehen als letzte Reißleine, um mich zu retten.

Kaum mehr Luft.
Wenig Schlaf.
Wenig Essen.
Viel Sucht.

Im Moment der einzige Weg, um mich zu spüren.
Zu spüren dass ich noch lebe.
Versuchen, den Fokus wiederzufinden.

Umwege nehmen.
Den Wegesrand betrachten.

Exhibitionistische Freizügigkeit als Versuch, Freiheit zu spüren.
Gelungener Versuch.

Weitere folgen.

Kapitel 13
Veränderung

Leben ist Veränderung.
Leben beginnt im Kopf.

Also beginnt Veränderung auch im Kopf.
Du musst es in dir finden.
Die Ahnung.
Die Idee.
Die immer konkreter werdende Form der Veränderung.

An Schärfe gewinnend.
Endlich sichtbar.
Greifbar.

Die Erleichterung währt nur kurz.
Jetzt kommen die Fragen.

Quälend.
Bohrend.

Ist das wirklich der Weg?
Was ist richtig, was falsch?
Was ist überhaupt?

Kapitel 14

Integrität

Freiheit beginnt im Kopf.
Und findet größtenteils auch dort statt. Du wirst sie nicht finden …

Aber wenn sie wirklich real wird, greifbar, spürbar, wenn sich die Freiheit im Kopf auf das Leben, auf das tägliche Tun überträgt, mit jedem Herzschlag wird sie dann realer, spürbarer.

Und das Leben wird intensiver, kostbarer.

Mit jedem Herzschlag näher bei mir.
Integrität in ihrer Urform.

Das Leben gehört dir.
Dein Leben gehört dir.

Gestalte es.
Wage es.
Sei mutig, aber nicht ungeduldig.

Herausfordernd.
Aber nicht provozierend.

Gehe sichere Schritte.
Wohl überlegt.
Sei einfach du selbst.
Lebe.

Gehe vorwärts, ohne Seitenhiebe.
Nimm was du möchtest, ohne zu verletzen.

Wo notwendig, füge dich, passe dich an ohne dein Selbst zu verlieren.
Finde deinen Weg, ohne Karte.
Laufe lang, wo es dir gefällt.
Aber dreh rechtzeitig um, wenn es zu kippen droht.
Und finde einen besseren Weg.

Umwege sind besser als Abkürzungen.
Erfahrungen kann dir keiner mehr nehmen.

Dein Leben kann dir keiner mehr nehmen.
Aber leben musst du es selbst.

Wenn du mutig bist.
Steh zu dir selbst.
Liebe und achte dich.
Tu dir was Gutes, am besten täglich.

Lebe also einfach so, wie du es dir erträumst.
Lass Träume wahr werden, um neue zu ersinnen.

Kapitel 15

Schmerz der Erinnerung

Weit weg.
Und doch so nah.

Mein Herz stolpert unbeholfen dahin.

Der Schmerz der Erinnerung schnürt mir die Kehle zu.

Unsere ach so glänzende Gegenwart hatte keine Zukunft.

Kapitel 16

Zerrissen

Gefangen im Hier.
Sein wollend im Dort.

Der Versuch, die Bilder des Dort vor dem geistigen Auge durch die Bilder des Hier vor dem realen Auge zu ersetzen, scheitert fast kläglich.

Zurück bleibt nur ein dumpfes Gefühl der Zerrissenheit.

Kapitel 17

Entschleunigung

Die Langsamkeit hält Einzug.
In meiner Seele.

Die Atmung wird tiefer.
Langsamer.
Intensiver.

Das Herz erholt sich beim reduzierten Tempo.

Die Schwingungen der Seele kommen in Einklang mit den Schwingungen der Natur.

Die Langsamkeit und Ruhe führen schließlich zum Mittelpunkt.

Kapitel 18

Der Feind

Auf leisen Spuren auf der Flucht vor dem „Feind", der – wo bleibt er denn bloß? – heute wohl nicht ausrücken mag.

Dabei, so wohlvorbereitet wären wir, Pläne schmiedend, Fluchtwege ersinnend, im Schutz des Waldes und des Nebels, unserer stillen Helfer, würde er uns kaum sehen können, der Feind, der heute auf sich warten lässt.

Erkennend, dass keine Gefahr droht, legen wir uns wagemutig ins feindliche Terrain, genießen den Blick in den vernebelten Nachthimmel und die von unseren Stirnlampen angeleuchteten Himmelsboten, spüren die Kälte vom Boden in unsere Körper kriechen und die Schneeflocken im Gesicht.

Kein Feind – dafür wohltuende Stille gefunden.
Und um eine Gute-Nacht-Geschichte reicher!

Kapitel 19

Die Rose

Willst du eine Rose sehen?

Es ist wieder mal spät geworden.
Sehr spät.

Der Mann sah auf die Uhr.
Schon so spät?
Sie würde nicht mehr warten.
Mit dem Essen.

Bald vielleicht überhaupt nicht mehr.
Warten auf ihn, ihren Mann.
Aus Liebe haben sie geheiratet, damals.

Er schüttelte sich.
Stellte ihr Foto, das er unmerklich in die Hand genommen hatte, mit einem lauten Knall zurück auf den Schreibtisch.
Staub rieselte aus jeder Ritze des goldenen Rahmens.
Eine feine Staubschicht bedeckte ihr Antlitz.
Der Glanz vergangener Zeiten hinter einer dicken Schicht aus Staub.
Wer zum Teufel putzt eigentlich mein Büro?
Wer auch immer, er oder sie arbeitet schlampig.
„Das werde ich gleich morgen als Erstes klären", sagte er laut vor sich hin, Ärger in der Stimme mitschwingend.

Er trat aus seinem Büro in den Vorraum, wo normalerweise seine Sekretärin saß.
Es roch noch leicht nach ihrem Pfefferminztee, den sie jeden Tag trank.

Genau einen Liter.
Sei gut für die Blase, erzählte sie immer mit einem verlegenen Lächeln.

Da fiel ihm ein, dass er sie schon lange nicht mehr lächeln gesehen hatte.
Gleich den Gedanken wegwischend fiel ihm nicht auf, dass er sie schon ganz lange nicht mehr bewusst angesehen hatte.
Er hatte nur Augen und Ohren für seine Arbeit, der Mann.

Am Weg zu seinem Auto bemerkte er das kleine Mädchen nicht, das ihn von der Seite ansprach: „Willst du eine Rose sehen?"

Schäbig sah sie aus, das kleine Mädchen.
Sie trug abgewetzte Jeans und einen viel zu weiten, braunen Strickpulli.
Ihr dunkelblondes Haar hing strähnig herab.
Umrahmte ihr zartes Gesicht.
Mitten im Gesicht hingen zwei traurige Augen.
Sie glänzten nur kurz, als sie dem Mann die Frage stellte.

„Willst du eine Rose sehen, alter Mann?"

Um ihrer Frage mehr Nachdruck zu verleihen, zupfte sie ihn am Ärmel.
Irritiert blieb er stehen, drehte sich um, nur um gleich angewidert weiterzugehen, als er das Zigeunermädchen sah.

Sie hielt in ihrer Hand eine verwelkte, rote Rose, in der anderen ihre Mütze, umgedreht, mit drei einsamen Münzen im Inneren.

Wortlos und mit leerem Blick ging er weiter.
Stieg in seinen Mercedes und fuhr nach Hause zu seiner Frau.
Nach Hause?

Aber auch diesen Gedanken, noch nicht einmal wirklich angefangen, dachte er nicht zu Ende, sondern übertönte ihn mit den Nachrichten aus dem Radio.

So konnte er auch nicht mehr sehen, dass eine alte Frau zu dem kleinen Mädchen trat, welches, irritiert durch die Ablehnung des Mannes, noch immer auf der Straße stand.

„Du willst ihm eine Rose zeigen, mein Schatz?
Wie schön.
Nur kann dieser Mann wohl keine mehr sehen, mein Engel.
Sei nicht traurig."

Kapitel 20
Tauwetter

Die Vergangenheit ist wieder ein Stück vergangener geworden.
Ein weiterer Schritt getan.

Wieder ein bisschen mehr Abstand gewonnen.
Die Freiheit ist ein bisschen grenzenloser geworden.

Die Flügel können sich entfalten, haben wieder mehr Platz zum Schlagen.
Die Luft zum Atmen ist wieder sauber.
Kein Erstickungsgefühl mehr.

Das Herz schlägt wieder rhythmisch.
Der eisige Panzer beginnt zu tauen und wegzuschmelzen.

Es ist Frühling geworden in meiner Seele.

Kapitel 21

Unsterblich

Immortality.
Erinnerungen machen unsterblich.

Erinnerungen helfen, die Geschichten unseres Lebens wieder hervorholen zu können.

Ein Anker gegen das Vergessen.

Mit dem Vergessen setzt die Sterblichkeit ein.

Und damit die Endlichkeit.

Kapitel 22
Erinnerung

Langsam weicht der Schmerz der Erinnerung.

Der bloßen Erinnerung.

Die dumpf und ohne Gefühl ist.

Die einfach im Raum hängt, wie ein Ding ohne Namen.

Die etwas sagen will, ohne Worte zu finden.

Ausdruckslos.

Unheimlich.

Leer.

Kapitel 23

Entschleunigung 2.0

Langsam gehen.

Den Rhythmus wiederfinden.

Damit die Seele atmen und das Herz heilen kann.

Treiben lassen, anstatt getrieben sein.

Langsam gehen, anstatt laufen.

Sehen und genießen, anstatt nur sehen und weiterhetzen.

Zeit lassen ...

Das Leben wieder leben, in vollen Zügen,
im Hier und Jetzt,
den Moment genießen.
In mich aufsaugen.

Das ist das Ziel.
Dorthin wieder gelangen.

Aber langsam.
Ohne Stress.

Ohne Zugzwang.

Treiben lassen ...

Kapitel 24
Absturz

Mit einem lauten Knall begann der freie Fall.

Ich stürzte ungebremst,
immer schneller,
immer tiefer,
alle Werte in Frage gestellt,
alle Ideale ausgehebelt.

Ein verzweifelter Sturz in ein finsteres Loch.
Doch kurz vor dem Aufprall wurde ich aufgefangen.
Von Freunden.
Kollegen.
Patienten.

Und plötzlich leuchtete ein kleines Licht in meinem finsteren Loch.
Langsam begann ich einen mühevollen Aufstieg.
Und dann kam der Glaube zurück.

Der Glaube an die Sinnhaftigkeit meiner Arbeit.
Meine Werte kommen langsam zurück ins rechte Licht.
Meine Ideale werden wieder fest verankert.

Ich bin wieder ich.

Der Nebel der Verzweiflung beginnt sich zu lichten.
Warm kommen die ersten Sonnenstrahlen durch.

Kapitel 25

Meine Berge

In der Einsamkeit der Berge kann ich denken.

In der wilden Schönheit der Berge ist mein Leben.

Hier bin ich zu Hause, hier kann ich sein, vollkommen und frei.

So frei, wie der Blick vom höchsten Gipfel auf die umliegenden Berge schweift, so frei fliegen die Gedanken.

Frei sein.
Mich spüren und leben.

Das sind meine Berge.

Kapitel 26
Sprachlos

Da stehe ich nun,
endlich oben.
Weiter hinauf, noch höher,
so scheint es, geht es nicht.

Und doch löst sich etwas in mir,
schwebt noch weiter empor
und erweitert meine Perspektive.

Und ich erkenne,
wie unendlich schön und faszinierend diese Welt ist.

Und ich bin sprachlos.

Kapitel 27

Feiner Riss

Zuerst war da nur ein feiner Haarriss.
Er wurde mit der Zeit größer.

Es entstand ein Spalt.

Auch der wurde größer, mit der Zeit.
Unter dem Sturm der Gezeiten.

Der Sturm tobt weiter, ungebremst.

Und aus dem Spalt,
der ursprünglich nur ein feiner Haarriss war, entstand eine Kluft,
die immer tiefer wurde,
immer breiter,
sie erscheint unüberbrückbar.

Die Frage ist: will ich hinüber?

Unsterblich

Wollte dich nicht verlieren.
Nicht so früh.
Nicht auf diese Art.

Und doch musstest du gehen.

Aber du bist dennoch bei mir,
tief in meinem Herzen
ist dein Platz,
hier kannst du weiterleben.

Und solange mein Herz schlägt,
wird die Erinnerung an dich unsterblich sein.

Kapitel 29

Das große Ganze

Ich liebe es,
aus dem Fenster zu schauen.
Die Welt draußen zu beobachten und zu spüren,
zu wissen,
ich bin ein Teil davon,
ein kleiner Teil des großen Ganzen.

Ich liebe es,
hinauszugehen,
in diese, meine Welt,
und jeden Tag,
jede Stunde,
jeden Augenblick
als etwas unendlich Kostbares zu erleben,
ein kleiner Teil des großen Ganzen.

Ich liebe es.

Kapitel 30
Ende?

Da waren Sprünge.
In der Vase der Liebe.

Am Anfang ganz kleine, kaum zu sehen.
Mit der Zeit wurden sie größer,
länger,
tiefer.

Bis sie nicht mehr zu übersehen waren.
Kleine Stücke brachen heraus, dann größere.

Der Versuch zu kitten,
zu retten, was noch übrig war,
ist letztlich gescheitert.

Aus Wir wurde Ich.

Leben bringt Veränderung,
neue Menschen,
neue Freunde,
neue Perspektiven,
neue Erfahrungen.

Dinge (ver-)ändern sich.
Menschen (ver-)ändern sich.
Ich (ver-)ändere mich.

Die Welt dreht sich – unaufhaltsam.

Leben ist Veränderung.
Und das Neue scheint unvereinbar mit dem Alten zu sein.

Kapitel 31

Eiseskälte

Es war ein schöner, warmer Tag.
Blauer Himmel, so weit das Auge reichte.
Ein Sommertag.

Doch plötzlich zogen Wolken auf.
Der Himmel verdunkelte sich.
Die Wärme wich der Kälte
wie die Hoffnung der Angst.

Das Herz, vor kurzem noch frei
und fröhlich schlagend,
war von einer Eiseskälte umfangen.
Am Pumpen gehindert.

Es hat geschneit.
Es ist kalt geworden.
Mitten im Sommer.
Mitten im Herz.

Kapitel 32

Gelassenheit

Mitschwimmen.
Sich treiben lassen.
Sich tragen lassen.
Mich tragen lassen.

Den Dingen ihren Lauf lassen.
Beobachten.
Staunen.
Genießen.
Geduldig sein.

Gelassen die nicht ganz optimale Welle durchrollen lassen.
Kräfte sparen für die nächste, bessere.

In sich ruhen.
In mir ruhen.
Im Mittelpunkt.
Ganz bei mir.

Kapitel 33

Awareness

Möglichkeiten.
Optionen.

Jederzeit präsent.
Wie Sterne am Firmament.
Immer da.
Bloß nicht immer sichtbar.

Je nach Wetterlage bleiben sie manchmal lange verborgen.
Gefangen und vergessen im Nebel.
Versteckt im Alltagstrott.
Das seltene, ja, beinahe schüchterne Aufblitzen ist dann leicht zu übersehen.
Ein Wimpernschlag.
Ein kurzes Aufleuchten, zu kurz, um an die Oberfläche zu dringen oder gar gesehen und erfasst zu werden.

Wenn die Zeit reif und der Geist wach ist, können sie die Oberfläche erreichen.
Präsenz erwirken.
Gesehen werden.
Aufmerksamkeit erregen.

Erstaunen und Verlegenheit auslösen.

Erstaunen ob des Zeitpunktes der Wahrnehmung.
Warum jetzt?

Verlegenheit ob der Möglichkeit selbst.
Könnte dies ein Weg, vielleicht sogar mein Weg sein?

Der nächste Wimpernschlag wischt die Möglichkeit samt ihrer Fragen weg.
Der Übergang zum Gewohnten, Gewöhnlichen, ist vollzogen.

Zu rasch, um erkannt zu werden.
Lange genug, um im Unterbewusstsein verankert zu werden.

Eine Lauerstellung, einem Jäger gleich.
Den rechten Moment geduldig abwartend.

Um wieder an die Oberfläche zu schnellen, wenn man es am wenigsten erwartet.
Aber vielleicht am nötigsten braucht.

Unruhe und Zweifel als stärkster Antrieb des Unbewussten.

Kapitel 34
Brand aus

Ausgebrannt.
Definitionsgemäß muss vorher ein Feuer gelodert haben.
Feuer und Flamme.

Eine tiefgehende Begeisterung für eine bestimmte Sache.
Eine wirkliche, echte Erfüllung.

Im besten Fall.
Andernfalls hat die vollkommene Verausgabung dafür fremde Bedürfnisse genährt.
Anstatt dem eigenen Sinn zu dienen.

Aber auch wenn es dem eigenen Zweck dienlich war, kann eine Fokussierung auf nur eine Sache zu einer „Brand aus" Situation führen.

Jegliche Erlebnisse kreieren Bilder.
Bilder der Erinnerung.
Eingebrannt in der Seele.

Positiv und negativ.
Schwarz und weiß.
Mit allen erdenklichen Graustufen dazwischen.

Ist das Gleichgewicht gestört, nimmt das Schwarze überhand.
Einem Magneten gleich wirken die dunklen Abgründe mit immenser Anziehungskraft.

Ab einer gewissen Tiefe ist der helle Himmel aus dem Blickfeld verschwunden.
Ganz plötzlich oder schleichend.

Machtlos ob der der Plötzlichkeit.
Fassungslos ob der Langsamkeit.

Beides mündet in eine fassungslose Machtlosigkeit.

Die sich einem Perpetuum mobile gleich in der verletzten, verzweifelten Seele ausbreitet.
Schonungslos.
Zerstörerisch.

Die verzweifelte Suche im Trümmerhaufen beginnt.
Das Oberste ist zuunterst gekehrt.
Alles durcheinander gewirbelt.

Was passt zusammen?
Was gehört zusammen?
Was gehört nicht hierher?
Was kann repariert werden?
Was ist unwiderruflich kaputt?

Der schwarze Charakter der Fragen nährt die Abgründe.
Die scheinbare Ausweglosigkeit tut ihr Übriges.

Wäre da nicht das Gesetz der Natur, dass Asche der Nährboden für Wachstum und Gedeihen ist.

Der Strohhalm der wunden Seele.

Kapitel 35
Mut

Chance oder Risiko?

Ist es überhaupt ein Unterschied?
Macht es einen Unterschied?

Bei näherer Betrachtung ist ein singuläres Dasein jeder einzelnen Komponente nicht möglich.

Die bloße Koexistenz beider Möglichkeiten sichert ihr Überleben.
Dass es nur miteinander geben kann.

Kein Risiko ist chancenlos.
Keine Chance risikoarm.

Du wirst es nie erfahren,
wenn du es nicht wagst,
den Weg,
der sich im Dickicht verbirgt und scheinbar weglos ist,
einzuschlagen.

Mut ist die treibende Kraft.

Mut zur Chance.
Mut zum Risiko.

Unweigerlich und untrennbar miteinander verbunden.

Kapitel 36
Spuren am Weg

Was am Ende bleibt, sind die Spuren,
die Fußabdrücke
auf unserem Lebensweg.

Die umso besser sichtbarer sind,
je weniger der eingeschlagene Weg begangen wurde.

Auf ausgetretenen Pfaden
sucht man sie oft vergeblich.

Und wenn kein Abdruck da ist,
impliziert dies,
dass es auch nichts gegeben hat,
was einen Abdruck hätte hinterlassen können.

Dann war alles sinnlos und unser Leben unsichtbar.
Und nichts Besonderes.

Ohne Sinn und ohne Wert.

Wer will das schon sein?

Unbezahlbar

Es ist höchste Zeit.
Zu leben.
Staub aufwirbeln.
Sich bemerkbar machen.

Spuren hinterlassen.
Sonst ist wirklich alles sinnlos.

Dann bleibt nichts.
Ein Buch mit Titel aber voller unbeschriebener Blätter.

Das leere Weiß blendet den Betrachter.
Der so gerne lesen würde.

In deinem Leben.
Das eine Ansammlung aus Nichts ist.

Wenn die Endlichkeit eingetreten ist, ist es zu spät.
Es gibt kein Zurück mehr.

Nur die Chance auf ein neues, leeres Buch.
Der Titel ist dein Name.

Es liegt an dir, Geschichten zu schreiben.
Spuren zu hinterlassen, die sichtbar sind.

Die im besten Fall gerne gesehen werden.
Und in Erinnerung bleiben.

Im Herzen und der Seele jener Menschen, die du auf deinem Weg getroffen hast.
Die ein Stück mit dir gegangen sind.

Geschichten und Erlebnisse.
Unbezahlbar.

Kapitel 38
Mut 2.0

Es geht um Tun.
Es geht um Machen.

Es geht um die Chance,
deren Risiko, ohne das Wagnis, sie zu nutzen
niemals wirklich beziffert wird werden können.

Es geht um das,
was kommen könnte.

Zweifel,
die keine Antwort finden werden ohne ein Sich-Einlassen.

Möglicher Erfolg,
der nur mittels Mut gesät werden kann.
Es geht um Freude und Zufriedenheit,
die nur durch die bloße Option schon verhalten strahlen.

Es geht um den Wert der Sache,
der, wie die Freude und Zufriedenheit,
nur durch das bloße Vorhandensein der Möglichkeit bereits Zuwachs erfahren hat.

Es geht darum, ob das der Seele bereits genug ist.
Ist es das?

Einmal Lunte gerochen, fällt die Zügelung schwer.

Jetzt geht es darum, ob der Mut groß genug ist.
Ist er das?

Kapitel 39
White out

Begeisterung gepaart mit Zweifel.
Im ständigen Wettrennen gegeneinander.

Mal gleichauf,
mal schluckt der eine den Staub des anderen.
Ein schwer Lungenkranker würde ob des unweigerlich folgenden Hustenanfalls vor Neid erblassen.

Den Betroffenen quälen ganz andere Empfindungen.
Wie kommt es zum oft so schnellen Führungswechsel der beiden Zustände?

Wenn man mitten im Geschehen weilt, davon mitgerissen wird, dann ist ein Überblick unmöglich.

Erst wenn man sich zurücknimmt,
zunächst gedanklich ein paar Schritte zur Seite tritt
und sich so einen weiteren Blickwinkel verschafft,
kann die Situation erfasst werden,
können Zusammenhänge und Ursachen erkannt werden.

Vielleicht.
Im besten Fall.

Oftmals bedarf es allerdings mehr als ein paar imaginäre Schritte zur Seite.
Wenn der gedankliche Abstand nicht ausreicht, muss der physische vollzogen werden.

Sich herausnehmen.

Sich eine Pause verschaffen.

Time out.
10 Sekunden für 10 Minuten.
Manchmal braucht es jedoch mehr Zeit.
Und manchmal genügt kein Abstand, so groß er auch sein mag.

Und manchmal ist auch die Zeit zu knapp.
Dann bleiben die Ursachen und Zusammenhänge im Nebel gefangen.

Wenn das Vertrauen groß genug ist, kann man relativ unbeschadet weitergehen. Andernfalls gerät man ins Stolpern.

Der Bodenkontakt geht verloren.
Die Seele verliert sich im allumfassenden White out.

Orientierungslos.
Haltlos.

Glück

Glück ist fassbar.
Angreifbar.
Körperlich spürbar.
Mit allen Fasern des Körpers fühlbar.

Feste Materie.

Die ohne Vorwarnung zwischen den Fingern zerrinnt.
Sich in Nichts auflöst.

Das kann es gut, das Glück.
Soeben noch greifbar,
fest im Griff.

Und von jetzt auf gleich – ein Hauch von Nichts.
Eine Ahnung.
Eine Erinnerung.

Weggewischt.

Die Autorin

Martina Jochum, geboren 1979 in Bruck/Mur, studierte Humanmedizin in Graz. Im Jahr 2006 siedelte sie aus beruflichen Gründen nach Vorarlberg über. Sie arbeitet als Anästhesistin, Intensivmedizinerin und Notärztin im Landeskrankenhaus Feldkirch und als Notärztin bei der Berg- und Flugrettung Vorarlberg. Als ausgebildete Höhenmedizinerin, begeisterte Bergsteigerin, Skifahrerin und Bergretterin kann sie Berufung und Beruf perfekt miteinander verbinden. Der ideale Ausgleich zum oft sehr fordernden beruflichen Alltag findet sich in der Vorarlberger Bergwelt. Viele Ideen zum Schreiben, das, wie auch das Lesen, seit der frühen Schulzeit als treuer Begleiter fungiert, sind hier entstanden. Martina Jochum ist verheiratet, hat einen Sohn und lebt in Nenzing.

Der Verlag

novum — VERLAG FÜR NEUAUTOREN

> *Wer aufhört besser zu werden, hat aufgehört gut zu sein!*

Basierend auf diesem Motto ist es dem novum Verlag ein Anliegen neue Manuskripte aufzuspüren, zu veröffentlichen und deren Autoren langfristig zu fördern. Mittlerweile gilt der 1997 gegründete und mehrfach prämierte Verlag als Spezialist für Neuautoren in Deutschland, Österreich und der Schweiz.

Für jedes neue Manuskript wird innerhalb weniger Wochen eine kostenfreie, unverbindliche Lektorats-Prüfung erstellt.

Weitere Informationen zum Verlag und seinen Büchern finden Sie im Internet unter:

w w w . n o v u m v e r l a g . c o m